LA JEUNESSE
DU GRAND CONDÉ,
OU
LA BATAILLE DE ROCROY,
PANTOMIME HISTORIQUE

Mêlée de Dialogue, en trois Actes et à grand Spectacle;

Par M. CUVELIER;

Musique arrangée et composée par M. CREMOSI;

Divertissemens par M. JACQUINET;

Représentée, pour la première fois, sur le Théâtre du Cirque Olympique, le 11 Juin 1814.

PARIS,

Chez BARBA, Libraire, Palais-Royal, derrière le Théâtre Français, n°. 51.

De l'Imprimerie de HOCQUET, rue du Faubourg Montmartre, n°. 4.

1814.

PERSONNAGES.	ACTEURS.
LOUIS DE BOURBON, duc d'Enghien.	M. *Franconi* aîné.
Le maréchal DE L'HOPITAL.	M. *Vissot.*
GASSION, maréchal de camp français.	M. *Gougis.*
Dom Francisco DE MELOS, général de l'armée espagnole	M. *Bunel.*
Le comte FUENTÈS, ou Fontaines, vieux mestre de camp espagnol.	M. *Bassin.*
La marquise Dona HERMOSA, épouse du général Mélos.	Mlle. *Julie Parizet.*
GERTRUDE, vieille paysanne.	Mlle. *Tigée.*
VICTOIRE, sa fille.	Mlle. *Adèle.*
BENOIT, paysan ridicule.	M. *de la Haye.*
RICHARD, jeune soldat français du régiment de Condé.	M. *Franconi* j[e].
COEUR DE-ROI, vieil anspesade.	M. *Ahn* père.
ALBUQUERQUE, officier général espagnol.	M. *Baudot.*
LA FERTÉ SENECTERRE, général français.	M. *Dominique.*
LA RAMEE, vieil invalide, retiré près Rocroy.	M. *Brau.*
Pages de la Maison de Condé.	MM. *Bassin et Ahn fils.*
Pages du marquis de Mélos.	M *Emile*, Mlle. *Gratiane*
Un petit Garçon de ferme.	Mlle. *Gratiane.*
Un Marié villageois.	M. *Jacquinet.*
Une Mariée villageoise.	Mlle. *Aline.*
Un Tabellion.	M. *Gouriez.*

Officiers Espagnols, Officiers Français.

Troupes Espagnoles, Wallones et Italiennes, à pied et à cheval.

Troupes Françaises et Suisses, idem.

Villageois, Villageoises.

Peuple de la ville de Rocroy.

La scène se passe en 1643, dans les environs de Rocroy.

LA
JEUNESSE DU GRAND CONDÉ,
OU
LA BATAILLE DE ROCROY.

Le théâtre représente le parc d'un château ; sur un des côtés est une table, placée sous la feuillée, où tout est préparé pour un déjeûner champêtre.

ACTE PREMIER.

SCENE PREMIERE.

GERTRUDE, VICTOIRE, BENOIT.

La vieille Gertrude est occupée à mettre des fruits sur la table, Benoit veut l'aider, mais il est si mal adroit que Gertrude le repousse.

Victoire apporte un bassin rempli de crême, et va le placer sur la table.

BENOIT, *voulant le lui ôter des mains.*

Moi, j' vous dis que c' te crème doit être mise là.

VICTOIRE.

Moi, j' soutiens qu' c'est ici.

BENOIT.

Mais si.

GERTRUDE.

Paix !

VICTOIRE.

Mais non.

GERTRUDE.

Silence !

Elle prend le bassin qu'elle pose sur la table.

BENOIT.

La, j' lavions ben dit qu' c'était-là.

VICTOIRE.

Il est insupportable !...

GERTRUDE.

Ne v'là-t'y pas qu'i s'disputions, comme si i s étions déjà mariés.

VICTOIRE.

Mariés! oh! j'espère ben que j' ne l' serons jamais avec monsieur Benoit.

GERTRUDE.

Ma fille, M. Benoit est le fermier du château, moi, j'en sommes la jardinière, et tu l'épouseras...

VICTOIRE, *naïvement.*

Sans l'aimer?

GERTRUDE.

Est-ce que j'aimions defunt ton père, quand j' l'ons épousé? C' tapendant d' mande à tout l' village, nous avons fait pendant trente ans l' ménage l' plus heureux et l' plus tranquille.

BENOIT, *à part.*

Oui, aux disputes près.

VICTOIRE

Mais, ma mère, si j'en aimons un autre?

GERTRUDE.

Ton Richard, n'est-ce pas?

BENOIT.

Oh! v' là un biau mari!

GERTRUDE.

Qui t'a plantée là.

BENOIT.

Qui a été s'enrôler.

VICTOIRE.

Y a-t-y du mal à çà? Il est soldat dans l' régiment d' Condé, c'est un beau poste pour faire son chemin.

GERTRUDE.

Mais il t'a quittée?

VICTOIRE.

Pour servir le Roi. J'l'en aimons davantage.

GERTRUDE.

Tu n' le reverras peut-être jamais?

VICTOIRE, *mettant la main sur son cœur.*

Oh! j' sentons-là queuque chose qui m' dit que si.

BENOIT.

C' tapendant, mamselle, depuis que monsieur le marquis de Melos, général de l'armée espagnole, est logé dans c' chatiau, grace à son himeur généreuse, j'avons amassé force écus: et v'là c'qui faut pour faire un bon mari.

VICTOIRE.

A la ville, à ce qu'on dit; mais au village y faut queuque chose d' mieux qu' ça.

GERTRUDE, *se montant par degrés.*

Eh ben, ça s' ra t'y bentot fini, vous autres? c'est que j' commençons furieusement à nous échauffer les oreilles. J' sommes une bonne mère, tout l' monde sait ça; j' faisons tout c' que not' fille veut... mais, sarpejeu! j' n'entendons pas qu'on nous raisonne. (*avec colère.*) Vous serez madame Benoit.

BENOIT.

C'est t'y ça d'la douceur!

VICTOIRE, *vivement.*

Plutôt mourir.

BENOIT.

Et d'la docilité... ah! que j's' rons heureux dans not' ménage.

GERTRUDE.

Allons, qu'on s'taise, voici M. le général espagnol.

BENOIT.

Jallons chercher tout l' village. (*Il sort.*)

SCENE II.

GERTRUDE, VICTOIRE, MELOS, Pages.

Gertrude invite le Marquis à venir se placer à table : elle fait un signal, une couronne de fleurs descend de la feuillée.

SCENE III.

Les paysans arrivent, conduits par Benoit et forment différens grouppes.

MÉLOS.

Mais voilà une surprise fort agréable! je la dois, sans doute, aux soins de ce bon fermier?

BENOIT.

Oui, monsieur le marquis, not'jardin avons fourni les fleurs... le reste étions dans nos cœurs.

MÉLOS.

C'est très-joli.

Le marquis présente une bourse à Benoit.

BENOIT, *ayant l'air de refuser.*

Oh! monsieur, c'n'est pas pour ça... (*Il la prend vivement et la montre à Victoire.*) V'là encore qu'euque chose de plus pour le magot.

VICTOIRE, *avec dépit.*

Laissez-moi !

Le Marquis se met à table; il est servi par ses Pages, placés derrière lui.

Divertissement.

Pendant les danses, deux jeunes mariés villageois, conduits par leurs grands parents et accompagnés du Tabellion, viennent saluer le Marquis, et le prient de leur faire l'honneur de signer leur contrat de mariage. Le Marquis y consent.

Benoit, enchanté, dit à Victoire qu'il espère bien qu'ils auront la même faveur en se mariant; Victoire lui tourne le dos.

Le divertissement continue.

SCENE IV.

Les Précédens, ALBUQUERQUE.

ALBUQUERQUE.

Monsieur le Marquis, le mestre-de-camp Fuentès ayant ordonné une reconnaissance sur la ligne des avant-postes, a été instruit d'un grand mouvement qui se fait dans l'armée française : il vient lui-même vous en rendre compte.

SCENE V.

Les Précédens, FUENTES.

Le vieux Fuentès arrive, marchant péniblement et soutenu par deux soldats. Le Marquis s'empresse de lui faire donner un siége.

MÉLOS.

Eh ! quoi, mon cher général, malgré votre âge et vos infirmités...

FUENTÈS.

Je les oublie, quand il s'agit du service. J'ai de mauvaises jambes, il est vrai ; mais c'est dans le cœur et dans la tête que se trouve la force d'un général.

MÉLOS.

A ce langage, je reconnais le brave Fuentès; il mourra comme il a vécu.

FUENTES.

C'est vrai, mon général. Aussi ne m'en rapportant qu'à moi seul des soins que vous avez bien voulu me confier, je m'étais fait porter à la grand'garde dès la pointe du jour. Je n'ai pas tardé à remarquer des manœuvres dans la ligne ennemie, et bientôt mes batteurs d'estrade m'ont donné avis que le duc d'Enghien était venu prendre le commandement de l'armée française, et qu'il avait fait lever ses cantonnemens avec cette activité d'un jeune guerrier déjà connu par tant de traits de vaillance.

MÉLOS.

Messieurs, ce jeune prince veut à tout prix obtenir de la gloire, C'est le sang des Bourbons qui coule dans ses veines, l'armée française sera difficile à vaincre sous les ordres d'un pareil général.

ALBUQUERQUE.

Je ne crois pas qu'un jeune chef sans expérience soit tant à redouter ?

MÉLOS.

Albuquerque, avez-vous oublié le siège de la ville d'Aire ? le combat contre notre armée auprès de Sédan? la conquête du comté de Roussillon ? Croyez-moi, de pareils essais sont ceux d'un grand homme, et la France verra bientôt, dans le rejeton des Condé, un de ses plus illustres capitaines.

ALBUQUERQUE, *avec ironie.*

L'éloge d'un adversaire dans la bouche du marquis de Mélos..

MÉLOS.

Vous paraît étonnant, n'est-ce pas? mais un vrai soldat sait rendre justice même à ses ennemis. Laissons ce discours. L'intention du jeune duc doit être de jeter du secours dans la ville de Rocroy, que nos troupes tiennent assiégée ; je vais tâcher de prévenir son dessein. (*Il réfléchit un moment, puis continue.*) Mais la marquise mon épouse et mon jeune fils devaient venir me trouver à mon quartier-général ; dans quelques heures je serai forcé de l'établir sur un autre point. A la veille de la reprise des hostilités, ma famille pourrait courir les plus grands dangers ; Albuquerque, je vous ordonne de vous porter sur les rives de la Sambre, avec l'élite de votre brigade, et de servir d'escorte à la marquise pour l'éloigner du théâtre de la guerre. (*Albuquerque sort. Aux autres Officiers.*) Quant à vous, messieurs, faites rassembler mon corps de réserve, et disposons tout pour opposer une vive résistance à l'ennemi qui nous menace.

Fuentès, toujours soutenu par deux soldats, se fait conduire à son poste.

SCENE VI.

Le tambour bat. Les Officiers rassemblent les troupes de la réserve. Mélos les passe en revue.

SCENE VII.

Les Précédens, ALBUQUERQUE.

ALBUQUERQUE.

Général, une partie de l'armée française s'est portée du côté de Landrecies. Ses coureurs ayant pénétré dans les bois qui couvrent cette ville, j'ai la douleur de vous apprendre, d'après le rapport des déserteurs, que la marquise et votre fils sont tombés au pouvoir d'un parti ennemi.

MÉLOS.

Grand dieu! serait-il possible?

ALBUQUERQUE.

Nous-mêmes, général, nous n'avons pas un instant à perdre. Les têtes de colonnes de l'armée française se sont montrées dans la plaine, et déjà le mestre de camp Fuentès est aux prises, non loin de ce village, avec les enfans perdus du régiment de Condé.

MELOS.

La gloire et la vengeance nous appellent. Marchons.

Le marquis monte à cheval. Les troupes défilent. Tous sortent.

SCENE VIII.

VICTOIRE, BENOIT. *(Ils regardent s'éloigner les Espagnols.)*

Victoire est au comble de la joie; Benoit est fort triste.

VICTOIRE.

Eh bien, mon pauvre Benoit, adieu le mariage; voilà les moyens d'augmenter la dot qui décampent.

BENOIT.

Tu n'en seras pas moins ma petite femme.

VICTOIRE, *finement.*

Oui... quand le marquis de Mélos aura battu le duc d'Enghien

SCENE IX.

Les Précédens, GERTRUDE.

GERTRUDE, *accourant hors d'haleine.*

Mes enfans, le vieux général Fuentès a été repoussé, et les Français sont à l'entrée du village. *(On entend le tambour.)* Entendez-vous le pas de charge? *(Le tambour se rapproche.)*

SCENE X.

Les Précédens, COEUR-DE-ROI, sergent, avec un Détachement du régiment de Condé.

En apercevant le détachement, Victoire court au vieux serget, et lui demande des nouvelles de son amant Richard. Cœur-de-Roi, ne comprenant pas ce qu'elle veut dire, fait ranger sa troupe, en criant :

Aux armes... Voici le prince.

Gertrude entraîne sa fille vers le château, Benoit la suit, en se moquant de Victoire.

SCENE XI.

Les Précédens, le duc D'ENGHIEN, le maréchal de L'HOPITAL, le comte de GASSION, la FERTÉ SENNECTERRE, Officiers d'Etat-Major et Pages du Prince.

Le prince paraît à cheval, entouré de son état-major, et précédé des villageois, qui tombent à ses pieds.

LE PRINCE.

Rassurez-vous, bonnes gens : tous les Français ont droit à ma protection ; il ne vous sera fait aucun mal. M. le maréchal de l'Hôpital et M. la Ferté Sennecterre resteront auprès de moi ; vous, M. de Gassion, mettez-vous à la poursuite de l'ennemi : la victoire ne doit jamais se reposer.

Gassion sort à la tête d'un détachement du régiment de Condé. Les villageois saluent le Prince et se retirent.

SCENE XII.

LE PRINCE, LE MARECHAL, LA FERTÉ SENNECTERRE, Soldats.

LE PRINCE.

Eh bien, M. le maréchal, êtes-vous content de moi ?

LE MARÉCHAL.

Mon prince, si je ne l'étais pas, je serais plus difficile que la France entière.

LE PRINCE.

M. le maréchal, ce ne sont pas des complimens, ce sont des conseils dont j'ai besoin.

LE MARÉCHAL.

Puisqu'il en est ainsi, monseigneur, je dois vous dire, avec la franchise d'un vieux soldat, que votre bravoure vous entraîne au milieu des dangers, et qu'il est souvent dangereux de les braver.

LE PRINCE, *souriant.*

Mon cher maréchal, la gloire, ainsi qu'une femme aimable, refuse souvent au mérite le prix qu'elle accorde à la témérité.

LE MARECHAL.

C'est fort bien, prince; mais le Roi et votre illustre père m'ont placé auprès de vous...

Victoire paraît toute en pleurs, et épie le moment de se jeter aux pieds du prince. Gertrude et Benoit sont avec elle.

LE PRINCE.

Pour modérer la fougue de la jeunesse, je le sais... Cela se passera, M. le maréchal, cela se passera. (*Apercevant Victoire éplorée.*) Eh ! qu'a donc cette jeune villageoise ?

VICTOIRE, *faisant la révérence.*

Monseigneur, c'est que, sauf vot' respect, j'aimons un soldat du régiment de monseigneur, et que ne le voyant pas ici, j'craignons bien...

LE PRINCE.

Rassurez vous, ma belle enfant... (*à part.*) Elle est vraiment jolie.

Gertrude, un peu honteuse, salue le prince, et emmène sa fille en lui faisant des reproches sur la hardiesse de sa démarche.

SCENE XIII.

LE PRINCE, LE MARECHAL, LA FERTÉ SENNECTERRE, GASSION.

GASSION.

Mon prince, une jeune dame a été faite prisonnière par vos soldats. Ce n'est qu'à vous seul qu'elle veut déclarer son nom et sa qualité.

LE PRINCE.

M. de Gassion, elle peut approcher.

SCENE XVI.

Les Précédens, la Marquise de MELOS, son Fils. RICHARD, Soldats de Condé.

LE PRINCE, *avec galanterie.*

Approchez madame, et veuillez m'apprendre en quoi je puis vous être utile; j'ai l'honneur d'être chevalier français, et je me trouve heureux, quand je puis servir les dames.

LA MARQUISE.

Prince, vous voyez devant vous la femme et lefils du marquis de Mélos.

LE PRINCE, *la saluant avec respect*

Vous, madame, l'épouse du général en chef des Espagnols?.. comment se fait-il ?

LA MARQUISE.

Je venais rejoindre mon époux, lorsque je tombai entre les mains de quelques maraudeurs... Abandonnée avec mon fils, je me trouvai livrée à leur merci; envain je voulus leur faire connaître mon rang... j'allais périr... lorsque (*montrant Richard.*) ce jeune soldat parut auprès de moi comme un ange libérateur... (Misérables, leur crie-t-il, oubliez-vous que vous êtes Français, et que vous servez dans l'armée de Condé ? fuyez, ou ma main va punir votre odieuse conduite...) A ces mots ils s'arrêtent, ils palissent, se troublent, et bientôt se dispersent dans la campagne, à l'aspect du détachement que ce brave jeune homme avait précédé pour voler à mon secours... M. de Gassion s'approche alors près de moi, je me constitue sa prisonnière, et je m'empresse de venir réclamer la clémence d'un descendant de Henri IV.

LE PRINCE

Ce n'est pas envain que vous aurez demandé justice, madame, les coupables seront punis, et ce brave jeune homme sera récompensé. (*à Richard.*) Soldat, quel est ton nom ?

RICHARD.

Richard.

LE PRINCE.

Depuis combien de tems es-tu au service du roi ?

RICHARD.

Depuis six mois, mon général.

LE PRINCE

Richard, je te fais grenadier dans mon régiment.

RICHARD.

Ah ! mon général, c'est la plus belle récompense, puisqu'elle me procurera l'honneur d'être toujours un des premiers au feu.

LE PRINCE.

Vous le voyez, M. de l'Hopital, nos jeunes soldats sont aussi fermes sur l'honneur que les plus anciens guerriers.

LA MARQUISE.

Monsieur le Duc me permettra-t-il à mon tour, de remercier mon libérateur? (*le Duc fait un jeste d'assentiment.*)

(*la Marquise à Richard.*) Brave jeune homme, voici mon anneau, c'est le seul bien que les maraudeurs m'ont laissé ; si l'occasion se présente, la marquise de Mélos n'oublira pas qu'elle vous doit l'honneur et la vie... (*Richard reçoit l'anneau avec respect.*) (*la Marquise au Duc.*) J'attends maintenant de la bonté du prince, la permission de calmer les inquiétudes de mon époux, en lui faisant passer des nouvelles de son fils.

LE PRINCE.

Avec plaisir, madame la Marquise, mais c'est à condition que vous les porterez vous-même.

LA MARQUISE.

Ah! prince, quelle générosité!

LE PRINCE

Je ne fais que mon devoir, il n'y a point de mérite à cela... M. de Gassion, conduisez madame auprès du général en chef de l'armée espagnole, avec touses les prévenances que l'on doit aux dames et au malheur. — Adieu, madame la Marquise.

Dona Hermosa le salue, et sort conduite par Gassion, et escortée par plusieurs officiers; pendant ce tems, le sergent Cœur-de-Roi donne à Richard l'éguillette de grenadier.

SCENE XV.

Le Prince, le Maréchal, le Général, SENNECTERRE, Soldats.

LE PRINCE.

Senecterre, je vous charge de la visite des blessés; dites à ces infortunés qu'ils ont tous des droits aux bienfaits de Sa Majesté, et à la protection de leur Général.

Il entre au château, avec toute sa suite.

SCENE XVI.

RICHARD, *seul.*

Richard, se voyant seul, cherche partout, dans l'espoir de voir un moment sa chère Victoire. Celle-ci ne tarde point à paraître. Sa douleur est toujours la même. Richard, qui l'aperçoit, veut jouir de sa surprise, et détourne la tète en se cachant. Victoire s'approche de lui, il se fait connaître.

VICTOIRE, *avec joie.*

Mon cher Richard!... C'est en vain que l'on voudrait nous séparer... je n's'rons jamais à d'autres qu'à toi.

RICHARD.

Et moi, je te jure amour et fidélité.

VICTOIRE.

Oui, amour et fidélité.

SCENE XVII.

Les précédens, BENOIT.

BENOIT, *les surprenant.*

Ah! ah! mazelle Victoire, j'vous y prenons... et vous, monsieur le soldat, c'est y pas honteux de faire la cour aux femmes des autres ?

RICHARD, *se retournant.*

Qu'appeles-tu, la femme des autres ?

BENOIT, *le reconnaissant.*

C'est Richard!... C'est le diable.

Richard court après lui. Benoit en voulant fuir, rencontre la mère Gertrude. Elle le repousse et s'approche des deux amans : à la vue de Richard, elle paraît contrariée et surprise ; les amans tombent à ses pieds.

SCENE XVIII.

Les Précédens, LE PRINCE, LE MARECHAL, Etat Major, Pages.

Le tambour bat. La garde du Prince, commandée par Cœur-de-Roi, prend les armes : Richard se place à son rang. Le Prince paraît avec ses officiers-généraux.

LE PRINCE.

M. le Maréchal de l'Hopital, faites avancer ma compagnie de grenadiers.

Les grenadiers se portent en avant.

LE PRINCE.

Grenadiers, j'ai besoin d'un homme de bonne volonté pour une mission périlleuse... Lequel de vous veut la remplir.

Tous gardent le silence.

Eh! bien, vous ne répondez pas?

COEUR-DE-ROI.

Non, général, car nous sommes tous de bonne volonté.

LE PRINCE

Cette réponse me plaît... M. le Maréchal, vous connaissez mes ordres : choisissez parmi ces braves, celui qui vous convient. Je vous charge de lui donner mes instructions secrètes.

BENOIT, *à part.*

Si j'pouvions savoir ce que c'est ?

LE PRINCE.

Pendant ce tems j'irai voir les régimens Suisses, dont vous m'avez annoncé l'arrivée.

Le Maréchal prend Richard dans le rang et le fait avancer.

BENOIT, *toujours à part.*

Tiens, c'est Richard quel'on choisit pour c' te mission périlleuse!

Le Maréchal rentre avec Richard dans le château; Gertrude et Victoire sortent d'un autre côté; Benoit se glisse furtivement dans le château.

SCENE XIX.

LE PRINCE, Officiers d'Etat-Major, Pages, Cœur de Roi, Soldats.

LE PRINCE.

La prudence de M. le Maréchal de l'Hôpital voudrait me faire différer l'instant de donner bataille... je résiste avec peine à ses conseils... mais le génie de la France m'inspire, et j'ai un pressentiment de la victoire qui m'entraîne malgré moi. J'ai donné l'ordre à l'armée de se porter vers Rocroy, et j'espère que la journée de demain sera la plus belle de ma vie.

Il monte à cheval, et sort avec ses officiers et son escorte.

SCENE XX.

BENOIT, *seul.*

Benoit sort avec précaution du château.

BENOIT, *avec mystère.*

J' savons tout. Richard va partir comme espion et j' connaissons son déguisement. Si j' pouvions profiter.. oui... c'est ça... allons trouver le général Mélos, découvrons-lui toute la manigance... Richard est perdu, je n' craignons plus de rival, j'épousons mamselle Victoire et j' sommes vengé... Ma foi, vivent les gens d'esprit pour se tirer d'affaire.

Il sort en s'applaudissant d'avoir conçu l'idée de cette infâme trahison.

Fin du premier acte.

ACTE II.

Le théâtre représente un appartement.

SCENE PREMIERE.

Le Marquis de Mélos n'ayant pas de nouvelles de son épouse,

est triste et rêveur ; il donne différens ordres à ses officiers : mais les affaires importantes qui l'occupent, ne peuvent le distraire de sa mélancolie.

On entend au dehors des cris de joie.

SCENE II.

Albuquerque arrive et annonce à son général l'arrivée de la Marquise.

SCENE III.

Dona Hermosa paraît avec son fils, elle est accompagnée du Maréchal de camp Gassion : elle vole dans les bras de son époux.

La Marquise lui presente M. de Gassion, et lui fait part de la conduite noble et généreuse que le duc d'Enghien a tenue à son égard.

Le général remercie M. de Gassion, et le charge d'être son organe auprès du prince et de lui porter l'expression de sa reconnaissance.

Gassion prend congé du général Espagnol ; il est honorablement reconduit par Albuquerque et par les officiers espagnols.

SCENE IV.

Don Francisco embrasse son fils, et témoigne à son épouse le chagrin qu'il a éprouvé en son absence, et le plaisir qu'il a de la revoir.

SCENE V.

On entend du bruit. On aperçoit Benoit qui se débat à la porte avec deux officiers qui veulent lempêcher d'entrer.

Le général le reconnait, et ordonne en souriant qu'on le laisse approcher.

Benoit dit au général qu'il a quelque chose à lui communiquer en secret, et témoigne le désir de lui parler seul. Le Marquis prie son épouse de s'éloigner un moment. Elle sort avec son fils et les officiers Espagnols.

SCENE VI.

Benoit annonce au général qu'un espion français doit s'introduire dans le camp ; il lui designe, avec exactitude, le déguisement sous lequel Richard doit se présenter.

SCENE VII.

Le Marquis fait un signal. Albuquerque parait avec quelques

officiers. Mélos leur fait part de qu'il vient d'apprendre et dit : Messieurs, je vous charge de choisir deux hommes dévoués et intelligens pour surprendre l'espion qui doit s'introduire à nos avant-postes, et j'ordonne qu'il en soit fait justice suivant les lois de la guerre.

Benoit reçoit du Marquis une bourse pour sa récompense, et témoigne sa joie en songeant qu'il va bientôt être débarassé de son rival.

Il veut sortir ; le Marquis s'écrie :

Qu'on arrête ce paysan, qu'il soit surveillé ; et s'il m'a trompé par un faux rapport, c'est lui qui subira le châtiment réservé aux traitres.

On exécute les ordres du général, c'est envain que Benoit supplie, on l'emmène tout tremblant.

Le Marquis sort pour rejoindre son épouse.

Le théâtre change et represente une forêt épaise; on voit au milieu plusieurs arbres isolés, dans le fond est une rivière que l'on traverse sur un pont de bois; plus loin un ravin et un terrain qui va en s'élevant.

SCENE VIII.

Les Espagnols bivouaquent aux avant-postes, des factionnaires sont placés çà et là dans la campagne.

SCENE IX.

Albuquerque parait avec Benoit et plusieurs officiers. Le poste a pris les armes.

Le général apprend aux soldats qu'un espion doit s'introduire parmi eux. Il les fait cacher de divers côtés, en leur recommandant surveillance et silence.

Deux soldats s'emparent de Benoit, et le forcent un peu brusquement à se mettre avec eux derrière un buisson.

Les deux hommes de confiance choisis par Albuquerque, restent seuls en faction.

Benoit aperçoit dans le lointain Richard qui s'avance; il le désigne du doigt aux deux sentinelles. Les soldats le forcent de nouveau à se cacher et lui mettent la main sur la bouche pour l'empêcher de parler.

SCENE X.

Richard paraît, il est déguisé en vieux paysan ; il a l'air de marcher péniblement en s'appuyant sur un bâton, une longue barbe descend sur sa poitrine. Il porte sur son dos un petit baril d'eau-de-vie.

Il s'avance. Les deux factionnaires l'arrêtent. Il leur dit qu'il est un pauvre vivandier, et qu'il vient vendre sa marchandise dans le camp espagnol. Ils feignent d'être dupes de ce stratagême, et lui demandent à goûter son eau-de-vie.

Richard leur en donne à chacun un petit verre et refuse le paiement. Ils demandent un second verre.

Richard appercevant la position qu'on lui a recommandé d'examiner, et ne voyant que deux factionnaires avancés, conçoit le projet de les énivrer pour avoir le tems de dessiner le terrein et de remplir ainsi la mission dont il a été chargé.

Les deux soldats espagnols lui font beau jeu, mais ils ont soin de jetter l'eau de vie que le prétendu vivandier ne ménage pas, en lui faisant croire qu'ils boivent cette liqueur perfide. Ils font semblant de perdre la raison par degrés, ils chancèlent et feignent de s'endormir.

Le jeune grenadier français, tombant lui-même dans le piège qu'il avait tendu, s'applaudit d'avoir pu réussir avec autant de facilité.

Après s'être assuré qu'il ne peut être apperçu d'aucun côté, et croyant que ses deux surveillans ont perdu connaissance, il se place au pied d'un arbre, tire son porte-feuille, apprête ses crayons, et commence à tracer le plan de la position des ennemis.

Les deux factionnaires groupés derrière lui, suivent des yeux son opération, en se félicitant d'être parvenus à le tromper.

Benoit et les soldats espagnols, montrent de tems-en-tems leurs têtes au-dessus des broussailles et se blotissent de nouveau, à mesure que Richard lève les yeux.

Les factionnaires, voyant enfin que Richard est trop avancé, et qu'il ne pourra rien nier, font un signal. Le tambour roule avec force. Le français étonné se lève. Les soldats espagnols s'avancent. On le saisit, on lui arrache son porte-feuille. Il reconnait Benoit et reste confondu en se voyant trahi.

SCENE XI.

Le Général espagnol parait avec son état-major. D'après l'indication de Benoit, on arrache la perruque et la robe du faux vieillard, et l'on reconnaît l'uniforme français.

Le général espagnol ordonne que les loix de la guerre soient exécutées dans toute leur rigueur.

Richard supporte son malheur avec fermeté. C'est en voulant servir son pays, qu'il a exposé ses jours; cette idée le console : il donne un soupir à son amie, un regret à la gloire, et voit d'un œil sec les apprêts d'un supplice infame.

Le perfide Benoit monte sur l'arbre; il aide les Espagnols à préparer une corde. Un bandeau couvre les yeux de Richard; il est conduit aux pieds de l'arbre, la corde fatale est apprêtée.

SCENE XII.

Dans ce moment, dona Hermosa vient avec son fils retrouver son époux. Elle est étonnée du spectacle qui se présente à ses yeux ; elle s'approche avec pitié du malheureux qu'on va livrer à la mort. Richard joint les mains en les élevant vers le ciel. Dans ce mouvement, la marquise a reconnu son anneau, et s'écrie :

Que vois-je ? mon anneau!

En parlant, elle arrache le bandeau qui couvre les yeux de Richard, et ajoute avec explosion :

C'est lui ! c'est le brave Français qui m'a sauvée du déshonneur et de la mort ! Grace ! grace !

Elle tombe aux pieds du général. Mélos est ému ; il hésite un moment ; mais ne pouvant plus résister aux pressantes sollicitations de son épouse et de son fils, il leur accorde la grace de Richard.

Le jeune homme remercie sa libératrice.

Le général lui dit :

Soldat, pour prix du service que tu as rendu à mon épouse, si tu veux t'attacher à moi, je t'offre un grade dans mon armée.

RICHARD, *avec modestie.*

Mon bras est à ma patrie, mon cœur à mon Roi : mourir pour l'une et pour l'autre, voilà la seule ambition d'un soldat français.

MÉLOS.

Eh bien, je te permets de retourner sous tes drapeaux.

Richard témoigne sa joie; il remercie le général, refuse une bourse que lui présente la marquise, et demande pour toute récompense l'honneur de lui baiser la main. Il sort.

SCENE XIII.

Les Précédens, excepté RICHARD.

MÉLOS, *à son étar-major.*

Messieurs, je vois que le jeune prince persiste dans son projet de m'attaquer. Pour lui enlever les moyens de le faire avec avantage; je vais m'emparer des hauteurs qui couvrent Rocroy, et je ferai sauter ce pont, quand les Français se présenteront pour le passer. (*Il dit ensuite à la Marquise :*) Madame, l'instant de nous séparer est arrivé. Ce brave officier va vous conduire avec mon fils dans les murs de Philippeville. Vous y serez en sureté. Adieu.

Dona Hermosa embrasse son mari en lui témoignant les inquiétudes qu'elle éprouve. Le général la rassure, prend son fils dans ses bras, le remet à sa mère. Tous deux sortent, vivement émus, escortés par l'officier, et suivis des pages.

SCENE XIV.

Benoit vient s'approcher du général, qui le renvoie avec mépris. Les soldats le chassent en se moquant de lui, et le balottent jusque dans le fond.

Aux ordres du général, les Espagnols défilent par le pont, et vont prendre position en s'embusquant sur les hauteurs.

SCENE XV.

Benoit, resté seul, s'assied au pied d'un arbre, et se console de sa disgrace, en comptant l'or qu'il a reçu.

SCENE XVI.

Deux gougeats espagnols, restés en arrière et paraissant un peu ivres, chassent devant eux un petit cheval chargé de provisions, conduit par une vivandière. Ils s'arrêtent au son de l'or; ils s'approchent de Benoit, le saisissent, s'emparent de la bourse, le dépouillent malgré sa résistance, l'attachent à un arbre, et, prenant congé de lui ironiquement, font leur retraite en traversant le pont de bois.

SCENE XVII.

Benoit se désole, cherche à se détacher; il ne peut en venir à bout,

SCENE XIX

Gertrude et sa fille paraissent, ayant un paquet sur le dos. Victoire aperçoit Benoit, et se met à rire aux éclats. Gertrude lui demande la cause de cette gaîté extraordinaire. Victoire lui répond en montrant Benoit. Gertrude court le détacher en s'apitoyant sur son sort; elle est tremblante au récit de ce qui vient de lui arriver.

GERTRUDE.

I'n'fait pas bon à rester ici!.. J'ons quitté le château, à cause des combats qui se donnent tous les jours dans les environs, et j'allons retrouver not' fière. C'est un ancien et brave soldat, qui est retiré auprès de Rocroy. Il n'y a sûrement pas de dangers par là. Il ne tient qu'à vous, M. Benoit, de nous accompagner.

Benoit accepte avec joie.

On entend le canon et le pas de charge. Benoit tremble. Tous trois se sauvent et poursuivent leur route en traversant le pont.

SCENE XIX.

L'avant-garde française paraît. Elle est bientôt suivie d'autres troupes.

Le prince arrive avec son état-major. Richard paraît ensuite. Il se jette aux genoux du prince, lui rend compte du mauvais succès de son entreprise. Le duc lui dit qu'il ne l'en estime pas moins. Richard reprend son rang.

Le duc ordonne le passage du pont. A peine les premières troupes se sont-elles présentées, qu'un bateau chargé de poudre, et lancé par les ennemis, se fixe sous le pont, et le fait sauter avec un fracas épouvantable.

Les Français s'arrêtent. Les Espagnols couronnant les hauteurs, sont aperçus de toutes parts.

La canonnade s'engage. Le prince, sans être ébranlé, ordonne à la cavalerie de passer la rivière à la nage; les cavaliers se lançent au gallop, en suivant le mouvement indiqué par l'épée de leur général.

Fin du second Acte.

ACTE III.

Le théâtre représente l'intérieur d'une maison rustique.

SCENE PREMIERE.

Le vieux la Ramée, ancien soldat retiré dans une chaumière, auprès de Rocroy, est couché dans son fauteuil, et dort le pied appuyé sur un tabouret, le coude gauche sur la table, et la main posée sur la bouteille qu'il a vidée avant de s'endormir.

De l'autre côté, un petit garçon de ferme joue avec un chien.

On entend frapper. Le vieux soldat se réveille en sursaut, et ordonne au petit garçon d'aller ouvrir la porte.

SCENE II.

Il voit arriver Gertrude et Victoire : il reconnait sa sœur, il l'embrasse ainsi que sa jeune nièce.

Benoit le salue gauchement, en manquant de le culbuter.

Gertrude et Victoire déposent leurs paquets. La Ramée les accueille avec une joie franche et leur offre un verre de vin pour se rafraichir.

A peine ont-ils porté la main à leur verre, qu'on entend le canon dans le lointain. Benoit maudit ce bruit importun qui le suit partout.

On frappe fortement à la porte. Benoit craint d'aller ouvrir. Le vieux la Ramée rit de sa frayeur, et fait retirer sa sœur et Victoire dans une chambre voisine. Le petit garçon leur montre le chemin; Benoit les suit.

SCENE III

On frappe de nouveau, la Ramée va ouvrir. Il met le chapeau bas et salue avec respect, en apercevant le maréchal-de-camp Gassion.

Gassion lui dit que sa cabane est choisie pour le logement du prince.

Le vieux guerrier enchanté de cet honneur, s'empresse d'aider les soldats qui sont entrés avec Gassion, à mettre tout en ordre.

On place des sentinelles à l'extérieur; Richard est mis en faction à la porte de la chambre.

Le tambour bat aux champs à l'extérieur, et bientôt le duc parait avec le maréchal de l'Hopital et les généraux.

SCENE IV

LE DUC, *montrant des dépêches qu'il porte à la main*

Oui, messieurs, Louis XIII a cessé de vivre, et Louis XIV, son fils, est notre Roi.

LE MARÉCHAL.

D'après cet événement, Prince, je pense que risquer une bataille, ce serait compromettre le salut de l'état.

LE PRINCE.

Au contraire, M. le Maréchal, la France ne peut être sauvée que par une grande victoire, je veux couvrir de lauriers le cercueil de Louis XIII; ces lauriers m'attendent dans la plaine de Rocroy, mes dispositions sont faites; que mes ordres soient transmis à mon armée. Allez...

Le Maréchal sort avec les officiers.

SCENE V.

Le vieux la Ramée offre ses services au prince, qui lui demande du papier des plumes, de l'encre et de la lumière.

Il est obéi, il se place à la table. A un signe de l'invalide, Victoire parait avec une bouteille et un verre; conduite par la Ramée, elle vient offrir à boire au prince. Le duc la remercie. Victoire va porter au factionnaire le verre de vin qu'elle avait versé pour le prince; elle reconnait son amant et s'écrie, en laissant tomber le verre: *c'est Richard!* à ce bruit le prince se retourne et dit:

Voilà donc, jeune fille, le soldat que vous aimez? c'est un brave garçon, et, après la bataille, je promets de vous unir.

Le Prince congédie la jeune fille qui sort avec son oncle.

Resté seul, il se livre tranquillement aux pensées importantes qui l'occupent. Il déploye une carte, calcule les chances de la bataille qu'il va donner, et fatigué de tous les travaux de la journée, il s'endort avec la satisfaction peinte sur la figure, et dans la plus profonde sécurité.

Pendant qu'il dort, le jour paraît par degrés.

On entend le canon dans le lointain. Ce bruit de guerre, se rapproche peu à peu.

SCENE VI.

Gassion paraît avec les officiers supérieurs. Il regarde le Prince endormi, et admire sa tranquillité, qui lui semble le présage de la victoire.

Le jeune prince, réveillé par Gassion, marque une joie vive en entendant la canonade. Il tire son épée, se met à la tête des officiers et sort pour se rendre sur le champ de bataille.

Le théâtre change et représente dans le fond, au lointain et sur un terrain un peu élevé, la ville de Rocroy, assiégée par les Espagnols.

En avant, une des redoutes qui défendent leur camp, et une campagne ouverte.

SCENE VII.

On voit plusieurs sentinelles avancées de l'armée Espagnole, quelques pelotons des avans-postes, se rangent sur le terrain qu'ils doivent occuper.

Le général Melos vient lui-même examiner les diverses positions, donne ses ordres et encourage ses soldats. Un cavalier vient annoncer que l'avant-garde est attaquée. Le général va se placer à la tête de son corps d'armée.

Quelques tirailleurs français, échangent des coups de fusils avec les sentinelles perdues. Le général Laferté Sennectère a le premier engagé sa colonne avec l'avant-garde ennemie. Après une assez vive résistance, les Espagnols repoussent les Français, le brave et téméraire Laferté reste à cheval et blessé.

Le Duc paraît avec le maréchal de l'Hopital et son état-major. Il console le vaillant Sennecterre, et le fait conduir à l'ambulance.

Gassion accourt annoncer au Prince l'approche de la cavalerie Wallone. Elle paraît guidée par Albuquerque. Elle est bientôt ébranlée, et forcée de plier. Dans la mêlée, le maréchal de l'Hopital, renversé de cheval à le bras cassé par un coup de pistolet.

Le prince s'arrête un moment, l'aide à se relever, et lui prodigue les plus tendres soins.

L'Hôpital remet au prince son bâton de commandement, et malgré les instances du prince et des officiers, il déclare qu'il ne veut pas quitter le jeune duc.

Cependant l'infanterie espagnole s'est retranchée dans ses lignes.

Le prince, voyant cette disposition, et les Suisses qu'il a fait avancer prêts à céder le terrein, ordonne que son régiment les soutienne. Dans les rangs des grenadiers, on aperçoit Richard bouillant de courage, et enflammé par la promesse du fils des Bourbons.

Les braves grenadiers s'approchent malgré une forte canonade. Leur intrépidité cède au nombre ; ils se voyent forcés à reculer. Le prince, qui voit ce mouvement fait en désordre, s'élance au milieu des rangs, et crie en jetant le bâton du maréchal dans la redonte :

Soldats, laisserez-vous aux mains de l'ennemi ce signe du commandement? Quel est celui de vous qui me le rapportera?

C'est moi ! c'est moi ! s'écrient tous les grenadiers à voix haute, et ils se précipitent dans la redoute et sur les hauteurs retranchées, qu'ils escaladent en renversant tout ce qui s'oppose à leur passage.

Benoit, dans un désordre difficile à décrire, arrive sur la lisière de la forêt, et cherche à se mettre en sureté. Il est arrêté par deux soldats espagnols, et prêt à recevoir la mort, lorsque Richard, apercevant un Français désarmé que les ennemis veulent immoler, s'élance de la redoute et attaque les deux Espagnols, qui abandonnent Benoit pour faire face à ce nouvel assaillant. Ils ont aperçu le bâton de maréchal que Richard a repris dans la redoute, et veulent le lui arracher en lui ôtant la vie ; mais leurs coups précipités n'étonnent point le brave grenadier, il parvient à leur faire mordre la poussière.

Benoit, qui lui doit la vie, vient se jeter à ses pieds pour le remercier ; Richard le reconnait, il oublie la trahison du lâche, et se trouve heureux d'avoir sauvé un Français. Il rejoint sa compagnie ; Benoit se sauve à toutes jambes en voyant la cavalerie espagnole poursuivie, l'épée dans les reins, par la cavalerie française.

Cependant Mélos, aidé du vieux mestre de camp Fuentès, pour mettre une digue à ce torrent impétueux, rassemble les vieilles bandes d'infanterie espagnole, et les forme en quarré, le canon au centre. Le prince les fait charger par les Suisses. Le carré s'ouvre et le canon vomit la mort. Les Suisses se retirent en désordre.

Le prince, avec l'ardeur de la jeunesse et le sang-froid d'un vieux capitaine, les fait remplacer par son régiment. Les Espagnols, culbutés et repoussés, malgré tous les efforts du général Mélos, cèdent le terrein, et entraînent le général dans la retraite.

Le maréchal de l'Hôpital arrive à la tête de quelques braves, et dit au prince :

Prince, les ennemis repoussés, sont en retraite sur tous les points. Le vieux mestres de camp Fuentès blessé mortellement, demande l'honneur de vous remettre son épée.

Le comte Fuentès parait porté dans un fauteuil, par des grenadiers de Condé ; il expire en remettant son épée au vainqueur.

(*Le Duc, avec émotion.*) Si je n'eusse été vainqueur, j'aurais désiré une mort aussi glorieuse. En ce moment les Français victorieux, arrivent de toutes parts, avec les prisonniers qu'ils ont faits.

Le grenadier Richard vient completter l'honneur de cette belle journée, en rapportant au Duc le bâton de Maréchal de France, qu'il a repris dans la redoute, et qu'il a si bien défendu.

En meme tems, les habitans de Rocroy, et des lieux environnans, offrent des palmes et des lauriers aux vainqueurs. En avant on voit Victoire avec Gertrude et le vieux Laramée.

Le jeune et illustre vainqueur donne le grade d'officier à Richard, et l'unit à l'heureuse Victoire.

Ensuite, la tête découverte, il se met à genoux ; tous ses soldats imitent son exemble ; le prince avec une modestie religieuse, rend grace au Dieu des armées, du succès de cette mémorable journée.

Les soldats élèvent en l'air leurs armes, aux cris répétés de vive le Roi, vivent les Bourbons.

Cœur-de-Roi apporte aux pieds du duc d'Enghien, les drapaux conquis sur les ennemis, un enfant présente au vainqueur une couronne de lauriers, et les divers grouppes qui se forment autour de ce grouppe principal, présentent le tableau de l'espérance, de l'entousiasme et du bonheur.

FIN.

www.ingramcontent.com/pod-product-compliance
Lightning Source LLC
LaVergne TN
LVHW010014230826
846092LV00002B/811
9782329408095